学孟母教子

做幸福家长

赵永和 著

齊鲁書社

作者简介

赵永和　1963年生于山东省微山县，研究生学历。1981年毕业于济宁师范，曾任近十年中小学教师。自1989年始，在县乡从事行政工作三十年，曾任曲阜市副市长、宣传部长、市委副书记兼曲阜国家级文化产业示范园管委会副书记、副主任，孔子研究院副院长。现任中国孟子研究院党委书记兼孟母教子与家长教育研究所所长，孟子研究院家长学校校长、主讲人。2018年在清华大学国学研究院访学。

结合从教和做家长的亲身经历，以及对家长教育问题的全面思考，深入挖掘孟母教子思想，开设了以家教、家风、家训为主要内容的家长学校，对子女教育问题进行公益培训。先后举办“讲好孟母教子故事，建设幸福和谐家庭”“家长是职业，培训再就业”“学孟母教子，做幸福父母”等专题家教讲座五十余场，在《人民日报》《南方周末》发表《家长是“职业”，教育不可缺》《建议政府广开“家长学校”》等署名文章。叫响了“家长好好学习，子女天天向上”的教育口号，开辟了一条儒学应用社会、服务百姓生活的好途径。

序

家教问题，是一个千百年来代代热议的老话题，也是一个新时代备受关注的新问题。哲人说：“幸福的家庭都是相似的，不幸的家庭各有各的不幸。”我们从家教的角度，是否可以说，幸福的家庭必有好的家教，不幸的家庭，家教不好是重要原因之一呢？我看是可以的。在家教方面，两千多年前的孟母为我们树立了永恒的榜样。学孟母，做新时代的“孟母”，应该成为孟母故乡人先行先为的示范区。从这个角度讲，赵永和同志结合学习“孟母教子”事迹和自己的人生体验，针对当前家庭教育中的问题，拟编著出版《学孟

母教子 做幸福家长》一书，我感到这是一件大好事，很值得祝贺。他嘱我为其写几句话，我乐而为之！

赵永和同志成长于孔孟之乡，长期工作于孔子故里和孟子故里，是一位饱受儒家文化滋养濡染的领导干部。他当过教师，做过乡镇、市县的领导工作，熟悉基层，了解群众，深谙老百姓的家长里短，也有成功教育子女的经验体会。2015年，他从曲阜市委副书记转任孔子研究院副院长，不久又担任了孟子研究院的党委书记。三年多来，我与之共事，除了感受到他积极进取、勤勉扎实的工作精神，还觉得在他身上透释着一种谦虚恭谨的君子之风和敏而好学的儒者之气。几年来，孟子研究院营造出了一种崇尚学术、尊重学者、团结和谐、蓬勃向上的良好院风，这与赵书记的以身示范是分不开的。

在努力做好研究院领导工作的同时，永和同志虚心向学，不仅认真听取了“《孟子》七篇解读”“《中庸》解读”“《大学》解读”等专家系列讲座，而且在孟子研究院开设的“孟母大讲堂”，结合实际，面向群众，亲自做讲座。本书的结集，想必就是他近一段时间以来的成果结晶。

该书面向家长，谈怎样当好家长、培养孩子，既有个人体会与感受，也广采当代社会实例，又较恰当地插入孟母故事及《孟子》经典文义的解读，相信对社会的家庭教育和如何当一个好家长有很好的启迪。我们期待该书早日成功面世！

王志民

2019 年 10 月于中国孟子研究院

目录

第一章 要明确教育目标，不要迷失教育方向

第二章 要重视成长环境的作用，不要漠视潜移默化的力量

第三章 要与孩子做朋友，不要以家长自居

第四章 要发现、尊重孩子的兴趣，不要抑制、扼杀

第五章 要以表扬为主，但不是不要规矩

第六章 要以和为贵，不要粗暴打骂

引　言

在子女教育这件事上，有一句话众所周知：“家庭是孩子的第一所学校，家长是孩子的第一任老师。”这么说来，家庭就是一个“工作岗位”，家长就是一种“职业”。

从“职业”的角度看，家长具有“三无”的特性。第一，教育对象无法选择。子女一出生即为父母的教育对象，不可改变。第二，教育工作无法辞职。学校教师有轮流更替，父母则是终身制，不能辞职、不能退休。第三，教育遗憾无法弥补。父母教育孩子买的是一张单程票，没有返程，犯下的错误、留下的遗憾基本无法弥补。

我们知道，现代社会无论从事什么工作都要经过专业培训。但现实是，绝大部分家长不经过任何教育培训就为人父母，把孩子作为自己教育的实验品，这是一件非常危险的事情。由此，如何对家长进行科学、系统、规范的培训，让家长得到应有的教育学习，就显得格外重要和迫切。

笔者任职的孟子研究院作为以弘扬孟子思想为主要工作的学术研究机构，在讲好孟母教子故事、做好家长教育方面深感义不容辞、责任重大。2017 年 2 月，在笔者的建议下，孟子研究院挂牌成立了家长学校。学校秉持公益性原则，组建专业化师资队伍，积极推进家长教育教材的编写，开设孟母大讲堂，举办家长教育讲座。

作为家长学校的校长，笔者结合从教和做家长的亲身经历，以及对家长教育问题的深入思考，先后讲授“学孟母教子，做幸福家长”“讲好孟母教子故事，建设幸福和谐家庭”“家长是职业，培训再就业”等专题讲座50余场，提出了子女教育中“十要十不要”的教育理念，叫响了“家长好好学习，子女天天向上”的教育口号。本书就是在讲稿的基础上，经多次修改，整理而成。

全书采用生活化的语言，结合身边真实的教子事例，从正反两方面对家长教育子女进行指导，从而唤醒家长对子女教育的责任意识，让家长树立正确的人才观和科学的教育观，掌握教育孩子的一些基本方法。如果本书对家长朋友们多少有一点启发和帮助，那么，也就达到了写作目的。

·第　一　章·

要明确教育目标，不要迷失教育方向

1. 吃好，穿好，学习好

要做一个好家长，首先应该明确教育的目标，不要从一开始就迷失教育的方向。

我现在回想自己刚开始做家长的时候，确实没有思考过怎么教育孩子这个问题，更没有弄清教育孩子的目标是什么。当时的我，还是一名初中教师，只想着让自己的两个女儿吃好、穿好、学习好。

吃饱穿暖是人的基本需求；学习则是人前进的阶梯，你可以攀着它，一步步走向高处，领略不一样的人生风景。这些简单、朴素的想法，相信放在今天也是合理的。

只是，我们不能将这些简单的想法固化，或是陷入一种极端。比如，一味在物质上满足孩子，将原只是基本需求的吃和穿发展成穷奢极欲的出口。又比如，认为学习的目的就是考个好大学、找份好工作。前者是极端，后者是固化。

金钱、名誉、地位和幸福有一定关系，但并不是绝对的。金钱可以满足人的物质需求；名誉和地位在某种程度上可以让人赢得他人的尊重，满足人自我实现的需要。但金钱、名誉、地位并不等于幸福、快乐。让孩子多挣钱、博得名声和地位，不应该是我们教育子女的最高目标和最终目的。

2．教育的第一目标是育人

教育的第一目标是育人。把孩子培养成人，才是第一目标，也是最终目的。

或许有人会说：这个我们都懂，不就是教育孩子成人嘛！那什么叫成人？成人就是成为一个健康的人。这里所说的“健康”包括四个方面：身体健康、心理健康、适应社会和道德健康。

身体健康，这个很容易理解，就是全身机能正常，胳膊、腿以及身体的各个器官没有什么毛病，生理功能都非常好，有抵抗疾病的能力，有劳动的能力。不要说孩子，就是年轻人、老年人，身体健康也是第一位的。身体不健康，其他的都谈不上。

心理健康，是指一种积极而满意的心理状态。

具体来说，就是能适应外部环境的发展变化，调控自己的认知、情绪反应、意志行为，从而达到平静稳定，能够正常说话做事、思考问题的一种状态。来自学习、生活方方面面的压力，随时可能成为孩子精神方面的隐患。关注孩子的心理健康，刻不容缓。

适应社会，是指孩子与他人、与大自然都能够和谐相处。孩子在心理、生理、行为上的各种适应性的改变，与社会、自然都能达到一种和谐的状态。就像雏鸟长大了会飞离父母的窝，学着在风雨中自己觅食、筑巢，孩子总有一天也会离开家的港湾。出了家门，孩子就是社会中普通的一员，他会面对形形色色的事与物，相应也需要转换各种各样的身份与角色。适应社会，本质上是生存能力的一种体现。若把培养孩子适应社会的能力看得和教孩子吃饭、走路一样重要，也不为过。

道德健康，这是需要着重强调的一点。改革开放以来，我们国家的经济快速稳步发展，至今已经取得辉煌的成就，这在世界经济发展史上都是一种奇迹。与物质文明的快速发展相比，我们的精神文明建设却有所滞后，在道德建设方面还应加大力度。作为一个人，应该具备一个人的基本品质，这就是道德健康，也是人区别于动物的重要方面。作为一个正常人，应该践行社会主义核心价值观，尤其应当具备勤劳、善良、诚信、公正等品质。

3. 勤劳是美德

人要生活，就要有必要的物质做基础，也就需要劳动，需要勤劳。家长怎么培养孩子勤劳的品质呢？只要是孩子能做的事，家长就放手让他去做，久而久之，孩子肯定能养成勤劳的习惯。但说起来简单，做起来并不容易。现实中经常存在这样的问题：父母过分爱护孩子，孩子该干的事、能干的事，也不让孩子干，全由家长一手包办。所以，孩子的懒惰、不勤劳同家长有着很大的关系。

大家都知道郑板桥，他在范县（今属河南）、潍县（今山东潍坊）先后做了多年的知县，52 岁才有了一个儿子，叫小宝。老来得子，郑板桥自己都说“五十二岁始得一子，岂有不爱之理”，但是小宝 6 岁时，郑板桥就开始让他自己刷碗，而且要求得非常严格，要刷得非常干净。12 岁时就让小宝用小桶挑水。最后，郑板桥给儿子留下这样的遗言："吃自己的饭，流自己的汗，自己事情自己干；靠天，靠地，靠父母，不算是好汉。"现在，在德国，《妈妈行为准则》里面有一条，也是说："要让孩子做事，不要代孩子做事。"美国哈佛大学一项长达 20 年的研究证明：学做家务的孩子跟不学做家务的孩子相比，就业率为 15∶1，收入高 20%，而且婚姻更幸福。勤劳是人的第一品质。如果一个人没有勤劳的品质，其他品质就是无源之水、无本之木。所以，家长要把孩子培养成人，首先要培养孩子的勤劳品质。

4. 善良是一颗种子

善良是一个人最基本的品质之一。一个人可以不漂亮，但不可以不善良。善良对于人来说，就是要有仁爱之心，乐于助人，与人为善。

其实，善良就好比一颗种子，种在土里，等待条件成熟后就会生根发芽、开花结果，得到意想不到的收获。

一百多年前，英国乡村的一位农民在河里救了一个溺水的儿童，孩子的父亲很感激，要重礼酬谢这位农民，结果农民不肯接受。孩子的父亲转念一想，说，你既然不肯要钱，那我就资助你的孩子上学吧。农民心里正为儿子的学费发愁呢，于是便接受了。农民的儿子因此得以进入大学深造，成了一名医生，最后成功发明了青霉素，他就是弗莱明。巧的是，那位被救的落水儿童长大后得了肺炎，正是使用了弗莱明发明的青霉素，才又一次从死神那里挣脱了，而这个人就是大名鼎鼎的英国首相丘吉尔。事实上，人的一生往往会发生很多不可思议的事情，有时候，我们帮助别人或感恩别人，就有可能得到意想不到的回报。

孟子非常强调善，性善论就是孟子的重要思想之一。“善”字在《孟子》一书中就出现过100多次，其中比较有名的就是“与人为善”。孟子讲：“故君子莫大乎与人为善。”就是说，君子最高的德行是协同别人一道行善。2000多年前孟子讲的“与人为善”的意蕴，比我们现在所说的、所理解的“与人为善”要深一些。我们现在的理解是：对别人要有善意，要带着一颗好心对待别人、乐于帮助别人。而孟子的原意则是说：和别人一道做好事，这是件很幸福的事情。孟子还说："以善养人，然后能服天下。"什么意思呢？用善来滋养人，你就能让天下人信服。这里讲的善就是为善。为善能给百姓带来实惠，就能得到百姓的拥护，也就能让天下人信服。如果我们带着一颗善心教育孩子，培养孩子善良的品质，孩子能不健康成长吗？

其实我说的这个善，还有一层意思：善是作为一种境界、一种品格而存在。它绝不是一味委曲求全和懦弱，也绝不是对任何人和事都不讲原则。比如，抗日战争时期，面对日寇灭绝人性的杀戮和侵犯，我们奋起抵抗，英勇杀敌，这是另一种境界上的善，与坏人坏事作斗争也是善！在特定的时空里，在极端的情况下，惩恶就是扬善！培养孩子就一定要培养孩子的这种善良品质。孩子与人为善，别人自然也会与他为善。

善良的品质如何培养呢？父母以身示范是关

键，用实际行动教孩子如何向善、为善。其中，又有两点需要注意：一是要教育孩子学会尊重，特别是对弱势群体的尊重；二是要发展孩子的“恻隐之心”，鼓励孩子参加一些公益活动，爱护动物，主动为陷于困境的人提供帮助。

5．孝是最根本的善

我想特别强调一种最根本的善，就是“孝”。有子说孝悌是“为仁之本”，《中庸》说“仁者，人也，亲亲为大”，那么，为仁也就是为人，其中孝又是为人的根本，是最大的善。孔子和孟子都讲“入则孝，出则悌”，在家孝顺父母，出门尊敬兄长，这是以孝为根本的一种延伸。而孔子说“泛爱众”，孟子讲“老吾老以及人之老，幼吾幼以及人之幼”，则是把孝悌进一步向外扩展为一种广泛、博大的爱，从爱父母家人推广到爱众人。中国传统文化强调“百善孝为先”也就是这个道理。孝是做人的根本，也是最根本的善。试问，一个连自己的父母家人都不孝顺、不尊敬的人，又怎能指望他去爱别人呢？

如何培养孩子的孝呢？最好的办法还是家长以身作则，孝敬双方的父母。有这样一个故事：

从前有一对夫妇对自己年迈的父母很不孝顺，他们把老人撵到破旧的小屋里居住，每天用一只小木碗送剩饭剩菜给老人吃。一天，他们看到自己的孩子正在刻一块木头，便问孩子在做什么，孩子回答说："刻木碗，等你们老了好用。"这时，这对夫妇幡然醒悟，将父母接回来，和自己同吃同住。他们的孩子也因此转变了对他们的态度。

有人说，孩子就像父母的一面"镜子"。孩子最善模仿，父母的言行举止随时会对孩子起到一种示范的作用。今天为人父母的你们孝敬老人，将来孩子就可能会以同样的方式孝敬你们。

6. 诚信是一个人最基本的品质要求

“人无信不立”，如果一个人失去了诚信，他也就失去了别人对他的信任，这样的人在社会上是难以自立的。如果一个人不讲诚信，则很难称之为人。现在社会对诚信越来越重视，国家建立了信用信息基础数据库，个人和企业都有信用档案。全国通过开展“诚信万里行”活动，弘扬诚信之风，树立诚信典范，塑造诚信品牌。不讲诚信的企业或个人会被记入“黑名单”，受到相应的惩罚。比如，不按时还款、不严格履约的人，会产生不良信用记录，他们再想从银行贷款就很困难了；而那些不良商家如生产销售假劣疫苗者，则会被施以行业禁入。

诚信的品质怎么培养？孟母早就给我们做出

了榜样。《韩诗外传》记载了孟母“买肉实言”的故事：

在孟子小的时候，有一次母亲带着他出去，正好看到邻居家杀猪。孟子问母亲：杀猪是给谁吃的？孟母就随口说：给你吃的。孟母说完就后悔了，觉得自己怀这个孩子的时候，座席摆放不正不坐，肉切得不正不吃，就是对他进行胎教，现在他刚懂事，我就欺骗他，这是教他不讲诚信。于是孟母就花钱买了邻居家的猪肉给小孟子吃，以此兑现自己的诺言。这就告诉我们，父母要以身作则来培养孩子的诚信。

教育孩子诚信其实很简单，就是你在孩子面前一定要说话算数。如果父母说的话都不能兑现，怎么能让孩子诚信？比如，孩子要早起上学，父母应该给他定好闹钟，然后告诉他：“你要遵守学校的规定，不能旷课，不能迟到。定好了几点起床，到了点你就得起床。”家长不可能天天揪着耳朵叫孩子起床，一是家长承受不了，二是这样孩子也成长不了。起床的时间是家长和孩子商量好的，约定一旦形成，孩子就应该遵守、执行。若是孩子不遵守约定，不按时起床，上课就会迟到，还会受到老师的批评。实际上，这个过程也是在告诫孩子：不讲诚信，会受到惩罚。家长要做的是引导孩子明白其中的道理。挨批一次两次，孩子知道了讲诚信守规矩的重要性，自然会约束自己，养成这方面的品性。

我在某乡镇担任党委书记的时候，认识了一个企业家，他在改革开放以后开始做面包、月饼，从一个手工作坊起家，30 多年做成了当地家喻户晓的食品加工厂。这 30 多年，他从没拖欠过银行的贷款本息，也没有缺过扩大再生产的发展资金。一到中秋节等销售旺季，银行的人都问他：“老刘你还要钱吗？再贷给你一些流动资金吧？”为什么会这样？就是因为他讲诚信。

通俗点说，诚信就是要说话算数、说到做到。比如，你与朋友约在六点钟见面，因为路上交通堵塞，眼看要晚点了，这时候你应该给对方打个电话，解释一下是怎么回事。你跟人家说六点到，结果八点还不见人影，而且连声招呼也没有，这算什么诚信？这样的朋友不能交。

《孟子》书中也讲过一个关于诚信的故事：

有一次，孟子问齐宣王：“如果有一个臣子，他把自己的妻儿托付给一个朋友照顾，然后自己出游楚国去了。等他回来时，却发现自己的妻儿受冻挨饿，那该怎么办呢？”齐宣王说：“与他绝交。”

所以说，不讲诚信的朋友不能交。由此也提醒各位家长：一定要培养孩子诚信的品质。无诚信就不能与人交往，也就不能在社会上自立。

7. 公正也是一种安全保障

《辞源》对“公正”一词的解释是：“不偏私，正直。”简单来说，公正就是公平正义。再通俗点讲，就是要使孩子有颗正直的心，有正能量，待人接物正直无私，胸怀坦荡，积极向上。孟子曾经说过，君子有三件值得高兴的事：

第一件，“父母俱存，兄弟无故”。

第二件，“仰不愧于天，俯不怍于人”。

第三件，“得天下英才而教育之”。

其中，孟子把正直无私的境界称作“仰不愧于天，俯不怍于人”，就是说抬头无愧于天，低头无愧于人。

除此之外，公正应该还有另一层意思，即

一种判断是非、行为自律的能力。孟子讲："无为其所不为，无欲其所不欲，如此而已矣。"就是说，不干我不该干的事，不贪求我不应该得到的东西，这样就行了。如果你能培养出孩子的这种品质，使他有能力判断出这个人、这件事是好还是坏，这件事该做还是不该做，这个东西该要还是不该要，那么，孩子长大了肯定能让你放心。

我们研究院有个同志，研究生毕业，从不抽烟。有一次我们谈到抽烟的问题，他说上大学的时候有的同学抽烟，特别是男生，但他坚持不抽，因为他爸爸从小就教育他，抽烟不是个好习惯，对自己和他人的健康都有害，应该抵制。于是他就知道这是件不好的事，不能学。这不就是家长要做的吗?

还有孩子的安全问题。现在社会上有拐卖孩

子的，也有骗孩子的，孩子有时会遇到一些危险。那么，家长一定要从小培养孩子的自我保护能力。这种自我保护能力是什么呢？就是判断是非、分辨好坏的能力。孟子有句话说："我知言。"意思就是说，我善于分辨别人的言辞，善于辨别真伪对错。孩子很小的时候，分辨好坏的能力差，家长会告诉孩子，不要吃陌生人给的东西，不要跟陌生人走，以此来避免危险。随着孩子的成长，思维能力逐渐增强，家长对孩子判断是非方面的能力也应该加强培养。

联想集团的董事长柳传志在他儿子婚礼的致辞中，对儿子说了这样一句话："只要你是一个正直的人，不管你做什么行业，你都是我的好孩子。"这句话是柳传志的父亲当年说给柳传志的，他把这句话又传给了自己的儿子。

从小就培养孩子的公正品质，教孩子正确判

断是非、分辨真伪，正大光明，这是很重要的。而我们家长往往在这方面还比较欠缺。

8. 道德健康

勤劳、诚信、善良、公正是人最基本的道德品质，也是孩子道德健康的基本构成要素。这些优秀品质的形成，需要从小培养，一旦形成，就能终身受益。

诺贝尔物理学奖得主杨振宁教授在《父亲与我》一文中曾经特别提及一件事：在他九岁的时候，他父亲已经知道他学物理的能力很强。当时如果教他物理，他一定学得很快。可是他父亲没有选择物理，而是要求他背诵《孟子》。当时的杨振宁没有说“不”的权利与勇气，只好硬着头皮把整本《孟子》装进了头脑中。他上大学后，学习自然科学，一路走来极为顺利，并获得国际的肯定。但是，说来奇怪的是，幼年时所背诵的

《孟子》，居然成为他成年后为人处世的基本原则。换句话说，就是《孟子》的话在他心中形成了一套价值系统，每当他面临人生的重大抉择时，这套价值系统都会为他提供明确而且正确的答案。因此，据他回忆说，影响他最深的并不是他所专长的物理学，而是两千多年前孟子的思想。

孟子说："学问之道无他，求其放心而已矣。"就是说，学问之道没有别的，就是把那丢失了的善良之心找回来。杨振宁先生总结自己之所以有后来的成就，是因为他小时候就跟着孟子学会了怎么做人、做事。

我所说的道德健康中的道德，是一个概括、综合的概念，这里面包括了孩子健康的心灵、健全的人格。家长要注重培养孩子良好的心态，以及高贵的精神品格。在对孩子施以良好的道德教育的基础上，孩子吃饭、睡觉、学习、玩耍，一样也不耽误；时常鼓励、表扬孩子，孩子能振奋精神，更加努力；孩子做错事时及时制止，适当批评，加以引导，孩子由此能认识并改正错误；孩子遇到了困难，能试着自己想办法：这就是一个正常的教育模式，教育出来的也必然是一个正常的人。如果不把孩子教育成人，其他一切都等于零。有了好的人品、健全的人格，人生就拥有了最好的基础。

要教育孩子具备这些优良的品质，最关键的是，父母自己就要做这样的人。说到底，教育就是让孩子认识自我、完善自我、提升自我，就是要把孩子教育成人。

·第　二　章·

要重视成长环境的作用，不要漠视潜移默化的力量

1. 环境对于孩子的成长至关重要

孟母“三迁择邻”的故事我们都耳熟能详，《列女传》里面有记载：

孟子的母亲，世人称她为孟母。孟子小时候，居住的地方离墓地很近。孟子经常看到别人办丧事，也就喜欢玩这类游戏。孟母说：“这个地方不适合孩子居住。”于是将家搬到集市旁。集市中有商贩和顾客叫买叫卖、讨价还价，小孟子又玩起了这类游戏。母亲又想：“这个地方还是不适合孩子居住。”又将家搬到学宫旁边。在这里，小孟子玩的游戏是模仿祭祀，学习各种礼节。孟母说：“这才是孩子居住的地方。”就在这里定居下来了。孟子长大成人后，学成礼、乐、射、御、书、数六艺，成为一代大儒。君子认为，这都是孟母逐步教化的结果。

为什么孟母前两次要搬离原来的住所？居住在墓地旁经常能看到人办丧事，丧事本身是件让人伤心的事，孟子却把它当成游戏，这当然不利于孟子的学习，更不利于培养仁爱之心；居住在集市旁经常能看到、听到商贩叫买叫卖，孟子以此为游戏，这也不利于孟子的学习，更不利于培养正确的义利观。相反，居住在学宫旁边，每天都能接受礼乐的教化，增长学问见识，涵养道德性情，有利于小孟子人格的培养。

“三迁择邻”的故事告诉我们：环境对于孩子的成长至关重要。我们个人的人生经历也证明了这一点。“近朱者赤，近墨者黑”，有什么样的成长环境，就会受到什么样的影响。我们今天的生活状态、工作状态，都是我们受到以前的人和事影响的结果，而影响最直接、作用最大的就是家庭。今天父母人生的高度必然影响明天孩子的人生高度。我们常说“知识改变命运”，那也是把知识作为改变环境的方法，从而达到改变命运的目的。

2. 理想的家庭环境：和谐

家庭环境对孩子的成长至关重要，一个良好家庭的发展态势应该是积极、阳光、向上的，为社会输出的都是正能量。对于这种充满正能量的家庭，政府和社会都会以不同的方式给予肯定和认可，如为他们颁授“星级文明户”“五好家庭”“最美家庭”等荣誉称号。在农村，百姓也会用最朴实的语言给予好家庭称赞和美誉——“真是一家子好人！”“一家子好人”，看似简简单单的一句话，里面却包含着对内孝敬父母、家庭和谐，对外团结邻里、遵守社会公德等多方面的内涵。

如果用更为简洁的话语概括父母应当为孩子创造的理想家庭环境，那就是“家和万事兴”。我们说家长是个“职业”，那么，父母就要有一种责任意识和担当意识，有一个正确的“工作态度”，努力建设一种“和”的家庭氛围，用自己积极的一面影响孩子，而不能破坏孩子成长的环境，把自己的缺点再传递给下一代。比如，关于抽烟的问题，家长应该尽量戒烟。一是因为吸烟有害健康，你在损害自身健康的同时，也迫使你的家人吸了二手烟；二是因为家长抽烟会给孩子形成一个很不好的示范，让孩子有样学样，无所约束。因此，在家庭环境的营造中，父母应当树立始终“要以孩子为中心，不要以家长为中心”的理念，每做一件事情之前要先想一想会给孩子带来什么样的影响。

3．言谈话语健康

健康的家庭环境，首先是父母的言谈话语要健康。《周易》中讲：“君子居其室，出其言善，则千里之外应之，况其迩者乎？君子居其室，出其言不善，则千里之外违之，况其迩者乎？”意思就是说，一个人在家中说一些善意、美好的话，千里之外的人听到后都会响应，何况是近处的人呢？反之，一个人在家中说一些狠毒、丑恶的话，千里之外的人听到后也会违抗，何况是近处的人呢？这就给我们一个启发，父母怎样说话才叫健康？一是要多说、常说美好、善意的具有正能量的话；再是少说、不说泄气、抱怨的具有负能量的话。例如，面对孩子的缺点，父母可以从正面加以引导、指正，但不能挖苦、讽刺孩子，不要总把孩子的不好挂在嘴边；不能因为孩子年纪小，为了暂时哄住孩子，说一些欺骗他的话；父母间闹了点小矛盾，不要当着孩子的面指摘对方的不是，要多想、多看、多说对方的优点；婚姻是两个家庭的结合，为人父或为人母尤其要注意不能向孩子“吐槽”配偶长辈的不是，应该在孩子面前为长者讳；还有，父母立身社会，人际关系复杂，但在家庭中，还是要少给孩子传递消极、不满的情绪……总之，说健康话的目的就是要让孩子在父母的言谈中感受到家庭的美好、社会的美好、人性的美好，以善养人、以美化人，培养树立孩子美好的道德人格和价值观念。

4．举止行为健康

父母的举止行为健康也是家庭健康的一个重要方面。如果说“说得健康”是言传，那么“做得健康”就是身教。孩子会有意或无意地模仿父母日常生活中的行为，在某种程度上，孩子长大后的性格和处理问题的方式都存留着父母的影子。相比于言传，父母的身教对孩子的影响更加深远。对于父母来说，把孩子教育好的前提就是自己做得好。孔子说：“其身正，不令而行；其身不正，虽令不从。”用到家庭教育上就是说，家长要做好表率，以身作则，给孩子最好的示范。这样的话，不用整天喋喋不休，孩子自然就会模仿父母的行为。给孩子以榜样的示范，这也就是“做得健康”。例如，夫妻双方应当相互尊重，“互以对方为重”，不要吝惜赞美，营造一种相敬如宾的氛围；平时要尊敬长辈、孝敬长辈，逢年过节带孩子一起回老家看望双方的老人；工作上，勤劳敬业，认真对待每一项任务，在孩子面前树立一种踏实稳健的形象；在家里，主动多做家务，每天坚持阅读，少玩或者不玩手机；在社会上，在公共场合，遵守公共秩序，讲文明懂礼貌，不随地吐痰，不闯红灯，不在禁烟区抽烟……总之，行为举止健康，就是要为孩子树立榜样，在潜移默化中让孩子主动地养成良好的习惯、优秀的品格。

5. 营造宽松的家庭环境

说到宽松的环境，主要是指在孩子的成长过程中，父母能够尊重孩子的想法、意愿，给予孩子充分发展的自由和空间，让孩子的创造才能得以完美展现。我们讲要以孩子为中心，不要以家长为中心，其实就是说，在孩子的成长过程中，孩子是主角，父母是配角，父母给予孩子宽松的成长环境，就是配角服务于主角的一个重要方面。

这里，我想特别指出父母应当重点留意的五个方面：

一是给孩子充分的玩耍时间。中国古人讲："文武之道，一张一弛。"西方谚语讲得更为直白："只学习不玩耍，聪明孩子也变傻。"玩耍是孩子的天性，玩耍和学习非但不是对立、矛盾的关系，反而充分地玩耍能够提高身体素质，使学习的头脑得到良好休息，促进学业进步。这是我们现在的家长应该认识明确的。

二是给孩子充分表达的权利，让孩子敢于、乐于同父母交流。不论孩子的年龄大小，他们都有向父母表达自己的想法、意见的权利，因此，父母应当以足够的耐心倾听孩子说话，这样才能走进孩子的内心世界。换句话说，一生能保持享有与孩子的对话交流，这也是幸福父母的重要标志之一。

三是孩子做错事时家长不要讽刺、打骂，尤其是孩子出于一个好的目的而做错事时。错误是孩子成长道路上的必修课，很难想象不犯任何错误的孩子，一个人去面对生活、走向社会时是怎样一番情况。面对错误，家长的讽刺、打骂不仅于事无补，还可能会挫伤孩子的自尊心和自信心。因此，家长更应当为孩子留出犯错的空间，一旦出现错误要及时引导、纠正。另外需要注意的是，当一位家长指出孩子的错误并提出批评的时候，其他家庭成员最好不要随声附和——那种你一言我一语、群起声讨式的指责，对孩子的自尊心会造成极大的伤害。

四是鼓励孩子走向社会。相比于家庭、校园，社会是一个更为广阔的“学校”，孩子终有一天要步入社会。因此，家长应当力所能及地为孩子的成长创造良好的社会环境，让孩子多接触有正能量的人，把孩子与社会接触融入教育的全过程，从小树立孩子的交往意识，逐渐学会与人融洽相处。

五是鼓励孩子走出家门，亲近大自然。大自然是全人类的老师，经常带孩子走近大自然、感受大自然、热爱大自然，不仅可以提升孩子的审美情趣，而且能够陶冶孩子的自然情操、涵养孩子的性情品格，使之成为一个性情优雅、温和、乐观、向上的人。

6. 支持健康的学校环境

除了家庭，学校也是孩子成长的非常重要的场所。一个孩子，如果在家庭中有好的父母，在学校遇到好的老师，那么他的成长就有了可靠的保障。创造学校环境的主要责任人当然是校长、老师，但这并不意味着家长可以置身事外。在健康的学校环境的创造上，家长应当学会积极配合学校。

一方面，家长要充分信任、支持学校、老师。老师是人类灵魂的工程师，是太阳底下最光辉的职业，他们都接受过专业的师范教育或职业培训，可以说是有爱心、有知识的教育团队。进入学校学习是孩子成长的必经阶段。我们把孩子送进学校、交给老师，就要赋予老师教育孩子的权利，特别是要允许老师批评孩子、严格要求孩子。比如说，孩子上学迟到、不完成作业、课堂上玩手机、跟同学闹矛盾等，老师就可以采取一定的方式批评教育孩子，这也是老师的职责所在。明确适当的批评对孩子好、对孩子的成长有益，家长们应当支持。说到底，老师和家长的心愿是一致的，都是想让孩子学习成绩好、思想品质好。

另一方面，家长要加强与老师的沟通，尤其是加强与班主任老师的交流联系，真正了解孩子在学校学习、生活各方面的情况，以便在家庭教育中采取有针对性的措施。父母如果为孩子创造好的家庭环境，再加上一个好的学校环境，孩子的成才成人就有了充分的条件，孩子在成长道路上就不会出现大的问题。

7. 多一些爱与陪伴

我强调“要以孩子为中心”，但并不是说在家庭中始终把孩子放在第一尊宠的位置，更不是把子女当成家里的“小皇帝”“小公主”，对他们毫无原则地溺爱；而是建议父母在孩子成年之前，或是工作之前，把更多的时间、精力、财力向孩子倾斜，要让这些资源服从服务于孩子的成长。孩子成人之前，父母以孩子为中心；孩子成人之后，自然会时刻挂念父母的冷暖，在他们心中父母就有位置，他们会孝敬父母、尊重父母、给父母快乐、给父母幸福。反之，如果父母把所有的时间、精力投放到别的地方，不要说以孩子为中心，就连陪伴孩子的时间都不能保障，孩子在成长过程中缺失了父母应有的爱和陪伴，那么，等到父母年纪大了，十有八九也会缺失孩子的爱和陪伴。

作为父母，在孩子的成长过程中不要吝啬投入自己的时间、精力和财力，须知世界上投资回报率最高的项目就是亲子关系。衡量一个家庭是否成功、是否幸福，最重要的标准就是看教育孩子是否成功！

·第　三　章·

要与孩子做朋友，不要以家长自居

1. 父母之患，在好以家长自居

回顾我自己做父亲的历史，特别是在孩子上高中以前，习惯性地认为自己是一家之长，年龄大、身体壮、能力强，经历的事情多，是家庭的顶梁柱，是家庭物质财富的主要创造者，应该掌握绝对的话语权。在这种思想支配下形成的教育方式就是：你是孩子，你就应该听我的。我说什么就是什么，我叫你怎么做，你就得怎么做。这种“家长权威”意识支配下的独断、命令式教育，即便出发点都是为了孩子好，最终也很难达到良好的效果。父母在孩子心中非但不能树立真正的威信，反而容易引起孩子的惧怕或逆反心理，导致父母与孩子之间无法沟通。这些都缘于家长缺乏自知之明。

孟子讲：“人之患，在好为人师。”这一现象具体在父母身上则表现为：父母之患，在好以家长自居。在孩子面前，我们是家长，是成年人，拥有更多的人生阅历，但人无完人，我们也有缺点、不足。如果我们盲目地认为自己相对于孩子就是权威，做任何决定都是正确的，凡事都要求孩子按照自己的方式去思考行事，无形中难免会把自己的缺点也遗传给孩子，最终贻误的还是孩子。

说到这一点，我就想到自己在小女儿学业上所留下的遗憾。2004 年，我小女儿上初中三年级，她学习成绩特别好，我便突发奇想，让孩子跳级，提前一年考了高中。虽然女儿以优异的成绩被一所重点高中录取，但她从内心深处是不情愿的。可是她不敢说，只是委屈着自己，屈服于父亲的权威。结果是，我的拔苗助长的做法给孩子的心理造成了莫大伤害，致使孩子在高中阶段的学习情绪一直不稳定，最终也没能考上理想的大学，由此改变了孩子的命运，影响了孩子的生活。每每想起此事，我就觉得愧对女儿，后悔莫及。

2．父母也有不如孩子的时候

作为父母，我们应当勇于承认，自己也有不如孩子的时候。

有些孩子在很小的时候就表现出某方面的天赋。比如，有的孩子记忆力超群，四五岁就能掌握大量词汇，背诵大量古诗词；也有的孩子从小就在音乐或美术方面表现出特殊的才能，天生一副金嗓子，或是拥有艺术家奇特的想象力。有一年春节期间，我看到一个电视节目：一个小孩才3岁，就能跳30多段街舞。他是怎么学的？原来他妈妈喜欢跳舞，妈妈练习时，他在一旁看着，没多久就学会了。显然，这个小孩拥有超强的模仿能力和肢体运动能力。孩子降临到世界上，他对世界的认知很大程度上就是通过模仿来实现的。

尤其是处于婴幼儿时期的孩子，他的模仿基本上是全天候的。因此，模仿同一个事物，大人不一定能比得上小孩子。我们怎么能说孩子都是笨手笨脚的呢？再比如说，使用手机、电脑等电子产品，孩子几乎不需要大人教，自己摸索着就能学会；反倒是大人，在原有知识体系的禁锢下，即便请人反复教也不一定能够学会。这实际上说明，孩子的学习能力要比大人强。

还有更重要的一点是，孩子快乐的能力要比大人强。所谓快乐的能力，是指面对不如意的事情能够很快地从中抽出身来，将注意力投放到让自己愉快的事情上去，并全身心地享受这一过程。大人面对烦恼的事情，总是抱着一种哀怨、不满、苦恼的心态不放，不能让自己的心情平复下来。在这一点上，我们做的就远不如孩子。孩子能够随时转移自己的注意力，不纠缠过去的烦心事，甚至是上一秒才发生了让他苦恼的事，只要出现让自己高兴的事情，下一秒破涕为笑也是常有的。这种能力不正是大人缺乏的吗？

3. 理性看待老一辈的育养经验

家长要有自知之明，不要以家长自居，还有更深一层的意思。比如，在一个家庭的内部成员之间，父母千万不要认为孩子是自己所生，只有自己是最关心、疼爱孩子的，而对爷爷奶奶、姥姥姥爷的建议充耳不闻、视若无睹。尤其是年轻人，初为人父为人母，切忌感觉自己接受过现代高等教育，认为今时不同往日，自己的父辈们的育养方式、教育方式在今天都已过时，一意孤行照搬照抄所谓“科学”的教养方式，到头来不仅家庭内部关系没有处理好，孩子也很可能因父母的“科学”教养而“水土不服”。要知道，父辈们继承了大量传统的育子、教养方式，相比于年轻的父母，他们或许讲不出大段的育养理论，但确实更有经验。年轻父母应该视这些经验为宝贵的财富，吸收其中合理的成分，而不是一味弃之如敝屣。

4. 别人家的孩子？别人家的父母！

父母在教育孩子的时候，免不了会拿别人家的孩子同自己的孩子比较，意图通过这种方式激励自己的孩子向别人家的孩子看齐。这种教育方法值不值得提倡，我们另做讨论。这里我想指出的是，在你拿别人家的孩子与自己的孩子做比较的时候，有没有将别人家的父母同自己也做一番比较？在看到别人家孩子的优点的同时，我们更应该看到别人家父母的优点，寻找差距，向人家父母看齐。千万不要以为自己是家长，可以用“强权”压制孩子，自己就可以不思进取。

生活中，我认识两对在教育子女上截然不同的父母。其中一对，母亲初中没有毕业，父亲厌学，也没有上完高中。他们自身并不好学进取，没有给孩子树立好的榜样，只是一味要求自己的孩子向同事家的孩子看齐，考重点高中，考重点大学，弄得孩子很不情愿。而另一对，虽然学历也不算高，夫妻两个都是普通中专毕业，孩子刚上一年级，但夫妻俩上进好学，在学习上也从不盲目地给孩子定要求，不管考试考多少分，只要下次别再错相同的题就行。结果，孩子的学习成绩一直在班里名列前茅，性格也很活泼开朗。

孟子讲：“所求于人者重，而所以自任者轻。”意思是说，对别人要求得很重，对自己却要求得很轻。前一对父母正是如此。

5. 家长好好学习，子女天天向上

我经常建议一些家长，要时常自我剖析、自我反思，看看自己有什么优点，又有哪些缺点。优点当然值得孩子好好学习、继承发扬。而缺点呢？就需要我们努力克服，从而避免将它们传给孩子。父母可以通过多种方式告诫孩子，甚或是在孩子面前坦陈心迹，并以实际行动改正缺点，让孩子引以为戒的同时，与孩子共进共勉。

其实，一个人性格特征的形成受先天遗传和后天教育的双重影响。先天因素无法控制，我们能做的只有通过后天教育来改良。而父母对孩子的教育与对自身的教育是相辅相成的。父母通过学习克服自身的缺点，一方面为孩子树立更好的榜样，另一方面提升自己的能力，也为更好地教育孩子提供了支撑。所以，“家长好好学习，子女天天向上”，只要父母好好学习，孩子绝对天天向上。

家长好好学习，怎么学呢？读书就是一个重要的途径。从书里我们能学到各种有益的知识，将这些间接经验落实成我们的直接实践，就是我们克服缺点的方法。

中华优秀传统文化博大精深，经典著作汗牛充栋，我们的阅读量却不敢恭维。据统计，2017年中国人人均读书约4.66本。全世界每年阅读书籍数量排名第一的是以色列，平均每人一年读书量超过60本，俄罗斯和美国均在50本左右，日本是40本左右，韩国较少，却也在10余本的水平。

读书能够修身养性，是提升自我综合素质的最好办法。俗话说“只要一张口，就知有没有”，很大程度上看出的就是一个人读的书多不多。可以说，读书是家庭建设的一项基础工作，应该让读书成为家庭的一道亮丽风景线。孩子看到父母在读书而不是刷手机、玩游戏，自然也会默默拿起书本；父母从书中学到更多的知识，明白平等交流、以身作则、潜移默化的重要性，自然也不会盲目以家长自居。所以，知识改变命运，知识改变家庭。

·第　四　章·

要发现、尊重孩子的兴趣，不要抑制、扼杀

1. 关于孩子兴趣的三个误区

对于孩子的兴趣，家长要善于发现、尊重，而不要贪多、攀比，更不要抑制、扼杀。我们平时讲，孩子对什么事有兴趣，就是指孩子对这件事发自内心的喜欢，愿意做，做并快乐着。

孩子是父母生的，父母自认为了解孩子，但孩子真正的兴趣所在，并非所有父母都能发现。在对待孩子的兴趣方面，许多父母存在这样的问题：一是自认为了解孩子，不屑于花时间思考孩子真正的兴趣是什么。二是对兴趣的认识有误区。父母有时把自己的兴趣当作孩子的兴趣，把自己喜欢做的事情当作孩子喜欢的事情，甚至想把自己的理想转嫁到孩子身上，通过孩子来实现，以此来弥补自己的人生遗憾。三是错把别人家孩子的兴趣当成自家孩子的兴趣。看见别人家的孩子喜欢做什么，想当然地认为自己家的孩子也会喜欢。

2. 发现、保护孩子的兴趣

《孟子》讲："物之不齐，物之情也。"意思是说，天下的事物都有各自的特性，并不会完全一样。这句话同样适用于孩子，每个孩子都有自己的天赋、特质和兴趣，只有准确、充分了解了孩子的兴趣、爱好和禀性，才能选择良好的方法对子女进行有的放矢的教育。

比如，现在社会上有很多辅导班，音乐、美术、舞蹈、武术等，应有尽有，星期六、星期天我们给孩子安排得满满的，上午学音乐、下午学舞蹈。我想问，你家孩子到底有什么天赋，你发现了吗？孟子说过一句话叫"道在迩而求诸远，事在易而求诸难"，意思是说，方法在近处却往远处求，事情本来很容易却往难里做。孩子喜欢唱歌，你非得让孩子按照你的意思去学画画，这不是舍近求远、把事往难里做吗？！父母不应该拿自己的爱好来要求孩子。孔子说“己所不欲，勿施于人”，我认为“己所欲”，也勿施于孩子。孩子出生之后就是一个独立的个体，即便小，他也有自己的思想、自己的爱好。另外，像音乐、舞蹈这些都需要天赋，虽说勤能补拙，但若没有天赋，也很难达到一定高度。

3. 引导、培养孩子的兴趣

孩子的兴趣需要父母引导、培养，而不能生搬硬套、揠苗助长。比如阅读，如何让阅读成为孩子的兴趣？首先得让孩子养成阅读的习惯。

我有一个朋友，他儿子的语文特别好，上初中、高中写的作文都是范文，有的文章甚至超过了老师的水平，老师对他的作文一般都不做修改。后来我问这个朋友："你儿子的语文成绩为什么那么好？"他说："我有一个习惯，就是晚上得看书，我不看书就睡不着觉，每天我得看上半个小时甚至一个小时，看书之后才能睡得着。孩子生下来就跟着我，我看大人书，他就看小人书，从小就养成了读书的兴趣爱好。"这样一个喜爱阅读的孩子，他的作文能不好吗？我这位朋友就是以身示范、引导培养。形成一种习惯需要一个过程，需要坚持。很多父母自身没有阅读的习惯，那么，每天抽一点时间出来和孩子一起阅读，把逛街的时间用来带孩子逛书店，把对孩子的奖励由一顿肯德基换成一本书，培养孩子的阅读兴趣的同时，对你自己也是有益的。作为家长，和孩子一起成长也是一种莫大的幸福。

4．尊重、支持孩子的兴趣

兴趣是孩子行动的最大动因。对于孩子感兴趣的事、决定要做的事，只要不是坏事，我觉得最好的办法是同意。比如兴趣班，孩子如果选择唱歌，那就同意他学唱歌；如果他想踢足球，那就让他踢足球。有的家长会有顾虑，说我同意孩子的选择，但要是孩子做不好怎么办？也有家长担心，小孩子兴趣多变，今天想学这个，明天想学那个，到最后什么也没学到怎么办？这时候家长需要换一种思路。

我们所说的尊重、支持孩子的兴趣并不等于放任自流。人的选择是有限的，我们每个人都要为自己的选择负责，孩子也不例外。小孩子不像成年人，很难一下子做出正确、理性的选择，可以多给他几次重新选择的机会，为的是让他通过实践认识自己、了解自己。但这种重新选择的机会绝不能是无限制的。只有让孩子从小明白，享有选择权利的同时，也要有承担后果的勇气，孩子在做选择的时候才会更加慎重。做错选择并不可怕，失败了也可以重新再来，重要的是让孩子从失败中吸取教训，有所成长。

对于孩子理性、正确的选择，父母应该尊重、支持。《列女传》中有一个孟母“释子之忧”的故事，说的就是父母肯定子女的兴趣、志向对子女发展的重要性：

孟子游历齐国的时候，许多主张不被齐王采纳。因此，他非常想离开齐国，到愿意采纳他政治主张的国家去，可是又担心母亲上了年纪无人照料。孟母知道了儿子的心事后，对孟子说：“古代的礼法是，女性年少时听从父母的，出嫁后则听从丈夫的，丈夫死后则听从儿子的。如今你已长大成人，我也老了，你做你应当做的事，我行我应当行的礼。”孟母的一席话把孟子的担忧和犹豫一扫而空。后来孟子周游列国，劝导君主施行仁政，匡扶社稷。正因为孟母的认同与支持打消了孟子远游的顾虑，从而成就了孟子的政治抱负。

大家都知道著名台球运动员丁俊晖，可很少有人知道他是怎么走上运动生涯的。丁俊晖小时候家附近有间台球室，每天放学回到家，他扔下书包就往台球室跑。有一次，他父亲丁文钧与一位当地的台球高手切磋球技。中途丁文钧上厕所，在其他人的怂恿下，丁俊晖替父亲打了几杆球，出人意料的是丁俊晖竟然战胜了对手。自此之后，丁文钧重新认识儿子的兴趣，并有意识地培养。在小学四年级时，丁俊晖就开始了半天上学半天练球的生活。为了给丁俊晖创造一个好的练球环境,丁文钧放弃了原先的生意,自己开了一家球房。假期里，他还送丁俊晖到斯诺克台球环境相对较好的上海接受系统的斯诺克专业训练。初中一年级时，父亲让丁俊晖退学做起了全职选手。为了支持丁俊晖打球，丁俊晖的父亲把老家宜兴的房子也卖了。后来，我们都知道，丁俊晖在国内外获得了许多大奖，为国家和个人争得了多项高含金量的荣誉。我们举丁俊晖的例子，并非鼓励家长们让自己的孩子退学去专心发展某一项专长，而是要说明，父母善于发现并尊重孩子的兴趣，这对孩子的成长非常重要。

作为一位父亲，我也曾为女儿的选择忧心。大女儿研究生毕业以后，她妈妈想让她考事业单位，成为一名公务员，我则希望她进会计师事务所。结果女儿谁的建议都未采纳，自己在上海选了一家投资公司，现已成为公司合伙人，又充实，又自由，又快乐。现在看来，女儿的选择是正确的，我和妻子当初没有硬性干涉也是对的。所以说，在关键问题上，比如考大学、找工作、谈恋爱等，父母要根据自己的人生阅历心平气和地给孩子提出建议和意见，但更重要的是，应该尊重孩子自己的选择。

·第 五 章·

要以表扬为主，但不是不要规矩

1. 表扬可以激发潜能

人类本质中最殷切的渴求是被人肯定。好孩子都是表扬出来的，表扬能使孩子增强自尊心、自信心，能给他成长的力量。

有研究证明，一个经常得不到表扬激励的人，潜能只能开发到 20%~30%；一旦得到表扬激励，潜能将会开发到 70%~80%。也就是说，如果经常得到表扬和激励，人的智力、思维就能开发得更好。

一个身材矮小的女孩，喜欢上了乒乓球，所有的人都因为她的身材比较矮而不看好她。但是她的父亲坚持对她说：“你很优秀，真的。”无论是在平时的训练中，还是在比赛中，只要她出现情绪上的波动而怀疑自己的身体条件不适合做运动员时，她的父亲总会及时对她说：“你很优秀，真的。”也正是凭借这份鼓励，女孩逐渐树立起自信，最后成了奥运冠军。她就是乒乓球国手邓亚萍。

陶行知先生当校长的时候，有一天看到一位男生用砖头砸同学，便将其制止并叫他到校长办公室去。当陶校长回到办公室时，男孩已经等在那里了。陶行知掏出一颗糖给这位同学：“这是奖励你的，因为你遵守信用，比我先到了办公室。”接着他又掏出一颗糖，说：“这也是给你的，我不让你打同学，你立即住手了，说明你尊重我。”男孩将信将疑地接过第二颗糖，陶先生又说道：“据我了解，你打同学是因为他欺负女生，说明你很有正义感，我再奖励你一颗糖。”这时，男孩感动得哭了，说：“校长，我错了，同学再不对，我也不能采取这种方式。”陶先生于是又掏出一颗糖：“你已认错了，我再奖励你一颗。我的糖发完了，我们的谈话也结束了。”这就是表扬的力量。在表扬中让孩子认识到错误，这种教育比批评更奏效、更深刻。

所以我们要表扬孩子，多表扬孩子，多鼓励他，这能给他自信，能给他自尊。

2. 表扬要及时、具体

家长表扬孩子要就事论事，不要笼统地表扬。所谓“笼统地表扬”，就是“你真能”“你真有本事”之类空洞的话。这样的话就像垃圾食品，入耳很好听，但毫无营养，还容易让孩子骄傲膨胀。那怎样才算“具体地表扬”？比如说“这件事你很努力”“你这个做法很有创意”“你和小伙伴们合作得很好”，等等。孩子哪一方面做得好，你就表扬他哪一方面，这种表扬有利于孩子发现自己的优点，从而进一步发扬。这样的表扬才是科学的。

表扬要以口头表扬为主，慎用物质刺激。有的家长明码标价，孩子扫一次地给多少钱，刷一次碗给多少钱。其实没有必要。当然，在孩子做事之前，父母如果承诺了奖励，那事后就要兑现。父母善于表扬孩子，这是一种很重要的鼓励教育，是父母应当具备的基本能力。

3. 要表扬，也要讲规矩

以表扬为主并不是不严格要求，更不是不立规矩。比如，有的家长玩骑大马游戏，让孩子骑在老人身上，把爷爷奶奶当牛马。这样的游戏不符合尊老的传统文化，不能玩。

《列女传》里记载了这样一个故事：

孟子小时候有一次逃学回家，母亲正在织布，就问道："学习怎么样了？"孟子回答说："还和往常一样。"孟母一听，就用刀割断了正在织的布。孟子惊恐，就问母亲为什么这样。孟母说："你荒废学业，就如同我割断这布一样。君子学习是为了立名，多问才能知识广博，这样居住才能安宁，行动才能避害。现在你荒废学业，将来免不了被奴役，也不能远离祸患。这就像靠织布讨生活，半途而废，怎能使自己的丈夫孩子有衣服穿、有饭吃呢！女子荒废了她讨生活的技艺，男子懒于修养自己的品德，他们最终不是成为强盗，就是沦为奴仆。”孟子害怕了，从此每天勤奋学习，拜师于子思门下，后来成为名扬天下的大儒。

孟子逃学回家，孟母断机劝学，孟母的严格要求成就了后来的大儒孟子。这个故事告诉我们，家长不应该溺爱孩子。讲道理，立规矩，该严格的时候就严格，不能任由孩子任性而为。

在国外也是这样。德国总理默克尔的传记记载：默克尔小时候，她母亲是个老师，对她要求非常严格。小默克尔要是犯了错误，她妈妈会惩罚她。怎么惩罚？一是关禁闭，在房间里待一定的时间，不能随便活动，不能出去玩。再就是扣除一部分零花钱，原来给她 5 马克，犯了错误后就只给 3 马克。默克尔后来的成就与她母亲对她从小的严格教育也是分不开的。

父母对子女要爱、教结合。爱孩子是父母的天性，但只知宠爱、表扬，而不知批评、教育，就不是爱子，而是害子了。真正的父母之爱，意味着爱与教的合一，这就需要父母的智慧。高尔基说：“爱孩子，这是母鸡也会的事，可是，要善于教育他们……这需要才能和渊博的生活知识。”

可怜天下父母心，很多父母认为爱孩子就是要满足孩子的各种需要，甚至超负荷、不分是非对错地向孩子让步，以换取孩子一时的快乐。这种教育的主体思路是错误的。孩子毕竟不是成年人，还未形成完整的世界观、价值观、人生观，还需要引导、管教，犯了错误就要惩戒。与其等到孩子将来被社会敲打得头破血流，不如从小教孩子有所敬畏——敬畏生命，敬畏尊长，敬畏规则。

对孩子的教育，从小就要立下规矩。孟子讲：“不以规矩，不能成方圆。”规矩本来的意思是指木匠用的圆规和直尺。不用圆规和直尺，木匠就画不出圆和方。人也一样，不用规矩来约束就不能成才。怎么培养孩子的规矩意识？比如说上桌吃饭，要老人动了筷子孩子再动，有好吃的东西要先让老人品尝。对孩子无礼过分的要求，要果断说不。比如，有了同样的玩具，还要继续买，那就应该拒绝。通过向孩子说“不”，让孩子明白生活处处有规矩，必须遵守规矩，按规矩做事。

·第　六　章·

要以和为贵，不要粗暴打骂

1. 家庭贵在轻松、和谐

尚中贵和，崇尚和谐，以中庸的处事方法追求和谐是中华优秀传统文化的重要内容。2008 北京奥运会开幕式上，演员们齐声诵读《论语》，其中就有“礼之用，和为贵”一句；在活字印刷术的表演上，更是突出了一个大大的“和”字。可以说，尚中贵和已经成为我们中国人为人处世的一种方式。我们讲“家和万事兴”，家和已经成为家庭兴旺的必要条件。因此，在家庭教育中，家长必须坚持身体力行、教育优先，与子女和谐相处。家庭中没有暴力，没有冲突，这应成为我们建设家庭的一条基本原则。

家庭或许是人类历史上最伟大的创造。无论何时，家都是我们的港湾，是我们得意或失意时能想到、能回去的地方。很多人喜欢旅游，但不论去哪儿都有一种相同的感觉——在外面呆上一段时间就会想家。为什么呢？家对我们来说应该是一个最令人放松、最有人情味的地方。有个小故事非常能体现家的重要意义。说的是有一位老师，在跟小朋友描述了一番地狱如何恐怖后，问小朋友谁想去地狱，小朋友全都摇头，表示不想去。接着，老师又描绘了一番天堂如何美好，问小朋友想不想去天堂玩。这时候，大家纷纷举手，但有一位小朋友没有举手。老师觉得很奇怪，就问这位小朋友："天堂这么好，为什么你不想去呢？"小朋友说："妈妈说放了学就回家，哪里都不要去。"外面的风景再好，也没有家的感觉。

我们热爱家庭，正是因为它有轻松、自由、和谐的氛围。因此，作为家庭中的每一个成员，尤其是父母，就应当维护家的这种氛围。家是港湾，是讲情的地方。家并非不讲“理”和“礼”，而是讲“理”和“礼”要寓于讲“情”之中。

2. 暴力不能解决问题

对孩子来说，家是能让他尽心尽性的地方。我的一个同学告诉我，他外孙小时候学走路学得很快。我问为什么。他说，孩子小时候会走路之前在家里随便爬，他想爬到哪里就爬到哪里，爬得多，活动就多，自然很快就学会了走路。有的家庭会给孩子铺上一块毛毯，虽然是为孩子好，但也限制了孩子的活动边界，制约了孩子的潜能开发。因此，在家庭教育中，父母不应该过多限制孩子的思想、活动，即便孩子做错了事情，也应以讲理的方式进行引导、指正，绝对不能诉诸暴力，打骂孩子。动用暴力，非但无助于孩子的成长，更会造成孩子的心理阴影。

教育和法律界曾联合进行过一项调查，调查

结果显示：在中国家庭中，打骂孩子的现象十分普遍，有2/3的儿童挨过打。其中，3.6%的孩子在家里“经常”挨打，57.3%的孩子“偶尔”挨打，“从未”挨过打的只占39.1%。另外，有15%的孩子在家里“经常”挨骂，69%的孩子“偶尔”挨骂，表示“从未”挨过骂的只有16%。被调查的高中生和大学生中，也有近2/3的人在上小学和初中时被父母打过，有30%的人因为被体罚而导致精神忧郁。

尽管许多家长意识到这种打骂式的教育不对，但是遇到孩子不听话时，也不知该如何使用其他更好的办法，于是便在恼怒之下举起了手、张开了嘴。这一打一骂，非但不能帮助孩子改变不当的行为，还很可能引起孩子的逆反心理，甚至给孩子的心灵造成永久性创伤。

粗暴的教育方式，一方面说明家长缺乏教育

耐心，另一方面也从侧面反映了家长的教育无能。当家长和孩子的意见发生分歧，并且谁也无法说服对方时，矛盾就会升级。又或者家长以一家之主的权威身份要求孩子，孩子无法达到家长的要求，也会引发家长与孩子之间的冲突。矛盾与冲突积累到一定程度，打骂作为一种简单粗暴的教育方式，也就成了一些自制力差、教育能力缺乏的家长的“撒手锏”。著名童话作家郑渊洁也是一个教育专家，他曾写过《父与子》一书。书中有这样一段话：“打骂孩子的爸爸都不是男子汉，是懦夫……不管孩子是什么，他都爱孩子。孩子是你生的，如果你不满意，就打自己。”

3. 暴力可能酿成悲剧

诉诸暴力并不能解决问题，极有可能适得其反，甚至酿成悲剧。中央电视台《等着我》栏目讲了这样一个故事：某大学一对夫妇，都已八十多岁。夫妻俩上节目是为寻找他们的儿子。儿子大学毕业后二十三年都没有回家，连个电话都没有打过。为什么？就因为父亲望子成龙，教育不当。孩子上初中时，有一次父亲检查作业，看孩子的字写得不好，当着邻居的面就让他下跪，并使劲抽他嘴巴。孩子上大学时，他通过同学对孩子的一言一行进行监控。孩子实在是受不了他的这种教育方式，就离家出走了，二十三年都没有回过家。节目播出时，栏目组已经找到了他儿子，儿子也看了父亲给自己道歉的录像，但还是表示不愿回家。因为他从被打的阴影中走不出来，自己的精神已经受到严重的创伤。

在公开场合谩骂、侮辱、殴打孩子，实际上是没有把孩子当成一个有人格、有尊严的人来看待。我们平时被普通朋友或不相干的人伤了自尊，尚且愤怒、难过，更何况是被自己最亲近、最依赖的父母践踏尊严，其伤害程度可想而知。另外，作为家长，自己都不尊重自己的孩子，又如何能指望别人尊重你的孩子？

如果是企业职工，违反企业的纪律规定，企业可以把他开除。但若是孩子违反了家长的规定或者没有达到家长的要求，家长难不成要开除孩子？家庭不是企业，父母与孩子之间也不应该是领导者与被领导者的关系。家庭贵在轻松、和谐，成为孩子的朋友才是做父母的最高境界。怎么和孩子做朋友？最好的办法是陪伴，陪伴是最好的教育。

央视《朗读者》栏目有一个嘉宾叫杨乃斌，这个孩子在八个月时，因为发高烧耳朵失聪了。按常理来说，他该上聋哑学校。但他的母亲觉得这样对孩子太不公平了，孩子长大了不能说话怎么办？于是她找了很多所学校，最后终于有一个小学接收了这个孩子。他母亲陪了他十六年。十六年如一日地陪着孩子上学，回到家再嘴对着嘴教孩子说话，结果真教会了孩子说话。孩子还考上了大学，现在在天津残联工作。这位母亲叫陶艳波，2014 年被评为感动中国人物。她能用十六年的陪伴，教一个失聪的孩子学会说话、考上大学、有了工作，这就是陪伴的力量，这就是母亲的伟大。

·第 七 章·

要重视挫折教育，不要“温室栽培”

1. 不吃苦，难成才

反思现在家长对孩子的教育，应当说，对挫折教育的认识水平、重视程度还有待提升。有些父母对子女百般呵护，总怕孩子吃苦受罪，什么事情都包办代替，溺爱至极。其实，这是不对的。孩子小时候不吃苦，长大了就会吃更大的苦。我们说，教育子女的目标是把孩子教育成人。让孩子成人、成才，成就一番事业，这也是父母最大的愿望。要实现这一愿望，让孩子面对挫折是必须要经历的。不然的话，让孩子成人、成才，成就一番事业，就是一句空话。

作为父母，我们或许走着不同的人生路，从事着不同的职业，但无论做什么事情都要付出，要做成什么事情都得克服困难、挫折。现在有的孩子特别脆弱，缺少面对困难、战胜困难的自信和勇气，更缺乏战胜困难和挫折的能力。有的孩子脆弱到老师、父母批评一句就受不了，甚至做出极端的事。问题表现在孩子身上，但根本原因还在父母身上。这些都是我们不重视孩子的挫折教育而造成的。《孟子》中有一段大家耳熟能详的话：

> 故天将降大任于是人也，必先苦其心志，劳其筋骨，饿其体肤，空乏其身，行拂乱其所为，所以动心忍性，曾益其所不能。

意思是说，上天要让某人承担重任，一定要先使他心意苦恼、筋骨劳累，让他忍饥挨饿、身体空虚乏力，使他的每一行动都不如意，这样来激励他的心志，使他性情坚忍，增加他所不具备的能力。这段话概括地说，就是一个人要有所成就、有所作为，你得让他经受挫折磨难。高尔基有句名言叫“苦难是最好的大学”，我们说：“再穷不能穷教育，再富也要苦孩子。”不能因为家中富裕，就对孩子有求必应。

我们有一句俗话叫“富不过三代”。为什么这么说？因为，第一代往往是创业者，经过一番辛苦打拼，积累了许多财富；第二代，由于在第一代打拼过程中成长起来，还了解成功的不易，所以懂得珍惜；但第三代由于自出生到成人完全没有经历过第一代和第二代经历的磨难，不用任何努力就能享有大量财富，任意挥霍，家自然也就败了。这里面最重要的原因就是没有重视孩子的挫折教育。

这里有一个对比。一个小孩子问他爸爸：“我们很有钱吗？”爸爸回答：“我有钱，你没有。”

所以这个家庭的孩子从小就有一种独立意识，从而不断努力。而另一个家庭的孩子呢，他问爸爸：“我们很有钱吗？”爸爸回答：“我们家很有钱，以后这些钱早晚都是你的。”所以这个家庭的孩子从小就有一种依赖意识，喜欢坐享其成。让孩子多接受一些挫折教育，只会更加有利于孩子的成长。

有许多家庭宠爱孩子，众星捧月般，捧在手里怕摔了，含在嘴里怕化了。经常见到一些家长在小孩子摔倒的瞬间赶忙上前抱起来，更有甚者，为了哄骗孩子不哭还要在地上跺两脚，以惩罚大地来讨好孩子。其实，不要怕孩子摔倒，摔倒了让孩子自己爬起来就是了。有一天，我在公园里散步，看到一位父亲领着一个四五岁的小孩，小孩一上台阶，自己就摔倒了，那个父亲就说：“没事，起来。”那孩子也没让他扶，爬起来拍拍腿继续走。我在基层工作的时候，有一次去爬长城，发现国外的小孩都是和大人一样，自己爬，赶着往上跑。而我们的孩子都是抱着，几个大人轮着抱，一步也不让他跑，生怕磕着碰着。

女儿上小学的时候，每天都要骑着小自行车横穿一条国道。国道上来往的行人车辆很多，我和妻子忙于工作不能接送女儿，因此，我就嘱咐女儿，过马路时先看两边的汽车、行人，看准了，如果觉得能过去，就抓紧时间过去。女儿在这个小学上了三年学，都是这样过马路的。现在看，女儿在中学、大学以至后来的工作中，大多数事情都是自己处理，这和小时候的锻炼有很大关系。

2. 挫折教育要注重孩子能力的培养

在挫折教育过程中，首先一定要注意孩子能力的培养。什么叫能力？遇到困难，有解决的办法就是能力；若解决不了，那就是没能力。况且这个能力不是看你得到了什么，而是看你在失去什么时能不能承受。你若是得了一大笔奖金，交了一个不错的朋友，肯定能承受得了；反过来，若是你丢了一大笔钱，谈的朋友分手了，你能承受得了吗？你能承受得了，挺得过去，继续前行，继续好好地生活，这就叫能力。

在日本，有句话叫“除了阳光和空气是大自然赐予，其他一切都要劳动”。日本家长说，除了阳光和空气，其他东西都得通过劳动才能获得，不劳动就什么也得不到。美国南部有一所中学规定：学生要毕业，必须不带分文，独立谋生一周，才给发毕业证。这些强调的都是个人的生存能力。做父母的应该告诉孩子，困难和挫折是财富，是展示自己才华的机会。不经历风雨，又如何能见彩虹呢？

3．挫折教育要注重孩子胆量的培养

孟子讲："虽千万人，吾往矣。"就是说，如果正义在我这里，即便面对千军万马，我也勇往直前。父母要注重培养孩子的胆量，尤其是父亲。父亲多陪伴孩子，能给孩子"补钙"，使男孩子增加阳刚之气，女孩子巾帼不让须眉，有足够的胆量面对生活的磨难。

电视剧《亮剑》的主人公李云龙打仗很厉害，主要有两个原因：一是他有智慧、有谋略，再就是大胆。别人不敢打的，他敢打，"狭路相逢勇者胜"，这就是胆量。

2018 年 2 月 11 日中央电视台播出的《欢乐中国人》栏目，介绍了一个叫六一的小姑娘和他爸爸齐海亮骑行环游中国的故事。他们从唐山出发，骑着自行车到了海南、西藏、新疆、内蒙古和东北地区。这期间，他们遇到了很多困难和挫折，也遭受了许多人的冷嘲热讽，但小姑娘从来没有喊过累。她说：“出发了就没有回头路。爸爸也讲过一定要坚持骑行走遍中国，我也要做中国最勇敢的小朋友。”就这样，他们用了 761 天游遍了中国，大自然成了六一的小伙伴，艰难成了六一的老师，六一也从一个“小公主”变成了“小虎妞”。

家长们不妨多向六一的爸爸学习，让孩子们在挫折中成长，在困难中接受洗礼，最终成为一个个小虎娃，身体健康、意志坚强。只有这样，孩子的一生才能有所成就。这不正是我们家长所盼望的吗！

4．配合学校进行挫折教育

学校是教育孩子的重要场所，家长还要配合学校进行挫折教育。现在很多学校、老师不愿意组织学生参加一些户外活动，甚至连一些对抗性的体育课也不上。为什么？因为老师担心学生的安危，怕学生出事。只是担心得过了头，畏首畏尾，什么也不敢做了。1987 年，我担任初中二年级的班主任，周末我组织几个学生一起去爬泰山看日出。初二的学生，年纪还不大，登山的过程又辛苦，但孩子们硬是坚持了下来。到山顶时已经是傍晚，晚上气温很低，我们也没有钱住旅社，就租了几件军大衣，依偎在一块抱团取暖。第二天，大家看到红彤彤的太阳从东方升起，那种激动的心情至今难以忘怀，成了大家永远美好的记忆。

家长应该相信学校、老师，给学校和老师充分的权力和自由培养孩子的能力与胆量。比如说踢足球，只要做好安全防护措施，它就没有什么可怕的。其实，孩子远比我们想象的坚强，家长的过分呵护反而使他们看上去不堪一击。家长们应该鼓励孩子适当参加一些竞争性的、对抗性的户外活动、体育活动，让孩子得到锻炼。

在孩子的管教上，必须解决“家长舍不得管，老师不敢管”的问题。只有家长信任学校、老师，让老师大胆地管教自己的孩子，孩子才能快速、稳步成长。

·第　八　章·

要培养孩子的发散思维，不要让其思维固化

1. 规则是死的，人是活的

我们表扬孩子，习惯说这孩子聪明、有想法。那么，这个聪明、有想法的孩子和其他孩子最大的区别是什么？应该就是这个孩子和其他孩子的思维方式不一样。同样一件事，别的孩子这样想，而他偏那样想。我们平时讲：思想决定思路，思路决定出路。金钱能买很多东西，但买不来思想。如果我们从小就培养孩子有一个好的心态、一个好的思维方式，那么当孩子遇到事情的时候，就会分析这些事情的本质，以正确的态度、好的思路去寻找解决问题的办法。

《孟子·离娄上》记载了齐国一个叫淳于髡的辩士和孟子之间的对话：

淳于髡问孟子："男女授受不亲，是不是礼

的规定？”

孟子说：“那当然是礼的规定了。”

淳于髡又问孟子：“嫂子掉到河里怎么办？是救还是不救？”

孟子说：“嫂子掉到河里，要不救那就是豺狼，就不是人。男女授受不亲，那是礼；嫂子落水，施以援手，那是权。”

封建社会，男女不能有身体接触。但在嫂子落水这种特殊的场合，就不能讲男女授受不亲了，不能因为礼的束缚而牺牲人的生命。“权”的本意是秤砣。为了称量东西，秤砣要不断地变换位置，因此权又有“变通”的意思。人都掉到河里了，还惦记着男女授受不亲，那还是人吗？所以，规则是死的，人是活的，要根据实际情况变通，灵活对待。

2. 不同的思维方式导致不同的事情走向

有一个故事，说的是两位老太太买房子。其中一位老太太自从有了买房子的想法就开始攒钱，一直到临死时，才攒够了买房子的钱。另一位老太太贷款买房子，从一开始就住进了新房子里，享受新房子带来的舒适便利，去世之前贷款也还清了。毫无疑问，第二位老太太更聪明。由此可见，思维方式是可以决定人生走向、影响幸福指数的。

还有一个故事说，一家鞋厂的两个销售员共同到一个海岛上开发市场。然而，这个岛上的人从来都不穿鞋。其中一个人回来后告诉厂长：岛上的人不穿鞋，所以不用开发。另一个人则把岛上的人组织起来，向他们讲解穿鞋的好处，结果岛上的人都买了鞋。于是，这个海岛就成了一个很大的市场，鞋厂和销售员本人都得到了不少的利益。这就是不同的思维方式所导致的不同结果。

实际上，我们大部分人的思维方式是一种顺向思维。比如我们说的“不到黄河不死心”“不撞南墙不回头”，都是一种顺向的思维。如果已经明确这条路走到底不会有什么好结果，就应该及时回头，再想别的途径，这才是好的思维方式。孟子讲：“知命者不立乎岩墙之下。”就是说，懂得命运的人，是不会站在有倒塌危险的墙壁之下的。孟子这里所说的命运，并不是迷信的命运，而是一种对未来结果的预判。你如果已经预料到撞了南墙会碰得头破血流，就不要碰了。以此类推，你明知道那条路的结果不好，会付出沉痛的代价，就不要固执，不要一意孤行。

3. 发散思维，创造无限可能

十九世纪中叶，美国加利福尼亚州盛产金矿，于是在当时涌进了非常多的淘金者。随着淘金人越来越多，金子变得越来越难淘，淘金周期也变得越来越长。然而，加利福尼亚的气候条件很差，炎热干燥，水源极缺，不少人因为缺水而被渴死。这时，一位十七岁的淘金男孩亚默尔灵机一动，断然放弃了淘金，改去卖水。他的这一行动引起了不少人的不解与嘲笑。然而，当许多的淘金者空手而归时，亚默尔却凭借卖水成了一个小富翁。

“条条大路通罗马”，所以我们要培养孩子发散的、多角度的思维方式。怎么培养？我觉得重要的是保护孩子的想象力，鼓励孩子有奇思妙想。孩子的想法即便幼稚、不切实际，家长也不要轻易贬低或打击他。实际上，很多时候我们不怕做不到，就怕想不到。毕淑敏有一篇短篇小说叫《儿子的创意》，说的就是儿子在妈妈的嘲讽、挖苦中，仍旧不断发挥自己的想象力，最后获得设计银奖的故事。它非常具有启发意义，有兴趣的家长朋友们可以读一读。

现代社会，想象力无时无刻不在改变着我们的生活。高铁、飞机、智能手机、导航系统等，这些过去只存在于人们想象中的东西，现在成了我们日常生活不可或缺的工具。无人驾驶汽车也在研发、试验、生产当中，不久的将来，人的出行会更加方便。就像中央电视台推出的《挑战不可能》栏目，只要敢想敢拼搏，一切皆有可能。在孩子的学习和生活中，家长应该多用启发式教育，而不是一手包办，代替孩子思考；多用“你想想”“你觉得呢”等语言，鼓励孩子多动脑筋，放飞思想，实现梦想。

·第　九　章·

要加倍重视孩子的精神健康，不要只注重物质生活

1. 关注孩子的精神健康，刻不容缓

毛主席在1960年10月22日会见美国记者斯诺时说："将来财富应该集中到公共事业，个人的生活要比现在有所提高，要提高一倍、两倍、三倍、四倍，或者更多一点，太多就对身体不好，对人也不利。"不得不说，这段话发人深省。丰富的物质财富可以满足人们的生活需求，但过度的物质享受不仅不利于人的身体健康，也对人的精神、道德健康不利。相比于过去，我们的物质生活水平有了显著提高，精神、心理方面的问题却越来越多。但是，在这种情况下，许多家庭仍将注意力集中在孩子的吃、穿、用上，对本应重点关注的孩子的精神、心理健康却极少关心。

2005年12月，"新华网"上有一篇报道称，

北京师范大学心理学院对北京、河南、重庆、浙江、新疆五个地区的16472名中小学生进行了一次心理调查。调查的结果是：小学生有异常心理问题倾向的比例为16.4%，有严重心理行为问题的比例为4.2%；初中生有异常心理行为问题的比例为14.2%，有严重心理行为问题的比例为2.9%；高中生有异常心理问题倾向的比例为14.8%，有严重心理行为问题的比例为2.5%。现在从幼儿园、小学、中学到大学，各阶段都有学生存在不同程度的心理障碍。我妻子在一所高中的学籍管理办公室工作，每年都能接触到办休学手续的学生。为什么休学？很多是因为有精神和心理方面的问题，根本没法正常学习，更别说考大学了。

这个问题是很严重的，轻则影响孩子的学习生活，重则影响孩子的生命。2017年春节过后，东北某城市一名17岁的高中生，因为一次测试考得不理想，在她妈妈做饭的时候，直接从17楼跳了下去，结束了自己的生命。这是多么令人心痛的事情！孩子长期的精神压力得不到排解，最终一次失利的考试成了“压垮骆驼的一根稻草”。心理障碍不仅影响孩子本身，对整个家庭也是一种破坏。所以有必要提醒大家，在物质条件已经能够满足孩子基本生活需求的情况下，关注孩子的精神健康比关注他的物质生活更为重要。

2. 孩子的精神问题，父母是第一责任人

孩子的心理、精神如果出了问题，多半是因为在他的学习、生活中的一些经历对自身产生了刺激伤害，而造成这个刺激伤害的第一责任人就是父母。父母平时不在意孩子的感受，一味地认为只要为孩子好，自己所做的一切都是正确的，孩子就应该服从，不管孩子高不高兴、答不答应、满不满意，强行把自己的理念灌输给孩子。在长期的服从中，孩子逐渐不敢也不想把心里的真实想法说给父母听。没有诉说的对象，没有发泄的地方，长时间的苦闷、压抑很可能会给孩子的心理或精神带来不良影响，这就是造成孩子心理障碍的主要原因。

现在孩子的精神问题越来越多，这首先跟中

国的家庭结构有一定的关系。现在虽然放开了二孩政策，但独生子女还是比较多。有文章对全国无兄弟姐妹人口总量进行了估计，至 2020 年，约有 2 亿人口缺少兄弟姐妹的陪伴。家庭内部没有同龄人的交流是不利于孩子教育和成长的。其次是留守儿童比较多。我国目前大约有 6000 多万留守儿童，缺乏父母的陪伴，孩子的精神世界必然有所缺憾。另外就是离婚率比较高。据统计，我国 2014 年一年就有 363.7 万对依法办理离婚的夫妇。父母离异给孩子带来的精神问题若得不到正确、及时的疏导，可能会影响孩子的一生，孩子从学业到工作后的人际交往、结婚生子等，都有可能走不出童年的阴影。

3. 有心理问题，注意正确疏导

实际上，我们国家在心理咨询方面，还不具备一种好的人文环境，我们的心理医生也很少。2010年有一篇文章做了统计：在我们国家，每100万人中有4.6个心理医生；而在有的发达国家，每100万人口就有1000个心理医生。现在虽有好转，但差距仍然明显。在国外看心理医生，好像看其他病一样，很正常。如果情绪不好，需要疏解，找心理医生是最直接有效的办法。在我们这里，好多地方情况却有些特殊。如果去看心理医生，别人肯定认为这孩子有精神问题，甚至直接夸张成精神病。实际上根本不是这么回事。每个人都有情绪低落的时候。成年人在情绪低落的时候会找好朋友聊一聊、喝几杯，或者打球、爬山，这些都是疏解情绪障碍的好办法。但是孩子没有这个意识，也不知道采取什么办法。如果家长不能及时发现，或者发现了也不当回事、不愿意带孩子看医生，这就把孩子耽误了，等病情严重了再想看就难了。

总之，一定要注意孩子的心理健康，心理问题一旦严重了，很难治疗，其危害程度远甚于一般的身体上的疾病。目前很多学校已设置心理咨询室，配有心理咨询师，体现了学校对学生心理健康问题的重视。另一方面，家长也应该有所行动，从源头上解决孩子的心理问题。

4. 减负、交心与挫折教育

首先，减轻孩子的压力、负担。家长们不要像孟子说的那样“揠苗助长”，从小给孩子报各种名目的辅导班，一味地强迫孩子学习、背诵。家长不要以孩子会背多少古诗、会算多少数学题为荣。孩子就是孩子，应该享受他那个年龄段该有的快乐。家长要做的是帮孩子减轻负担，而不是让孩子强迫式成长。

其次，与孩子交朋友。如果父母是孩子的知心朋友，孩子就有了诉说的对象，不好的情绪有了排解的出口，也就不会那么容易产生心理障碍。所谓朋友，首先必须是平等的，不能因为年龄大小、地位高低、财富多少而区别对待。再就是要互相信任。若父母能将孩子摆在与自己相当的位置上，平等交流，相信孩子的话，认真对待孩子的诉求，孩子自然也愿意与父母沟通。

再次，从小对孩子进行一定的挫折教育，让孩子经得起批评、挫折。只有经历过挫折，心才会变得坚强，才能具有一定的抗打击能力，不然，孩子就会像温室的花朵一般，稍微遇到点寒风就枯萎了。

5. 必要的性知识教育

最后需要特别指出一点，家长应该对孩子进行必要的性知识教育，尤其是对于青春期的孩子来说，性知识教育必不可少。良好、及时的性知识教育，对孩子正确认识自己的身体、尊重保护自己的身体，以及以正确的态度和方式同异性朋友、同学交往都具有重要的意义，也是保持心理健康的重要方面。现实中，由于受传统观念的影响，有一些家庭还存在谈性色变的问题。当孩子开始对两性产生朦胧区分而询问家长时，家长往往含糊其辞、故意闪避；而家长们主动对孩子进行性知识教育更是少见。孩子心中的疑问得不到解答或者得到错误的解答，这样很不利于他们今后的成长和发展。事实上，家长作为孩子最亲近的人，理应是性知识教育的最佳人选，在谈及两性话题时，也完全没必要羞于开口。

就家长对孩子进行性知识教育的方法来说，应当把握两个重要原则。一是将性知识教育融入日常生活当中，不要刻意为之。比如，给小孩子洗澡时，主动告诉孩子生殖器官的名称和日常注意事项；在孩子询问为什么男女分开上厕所时，顺势告诉孩子男女性别的差异，等等。二是在相应的年龄段进行相应的性知识教育。孩子在不同的年龄段有着不同的疑惑，对性知识的掌握也是循序渐进的，家长应当密切关注孩子在每个年龄段的疑问和身体发育状况，做到因时、因材施教，及时解答孩子的困惑。

·第　十　章·

家长们要形成合力，不要各自为战

1. 家庭内部统一意见

现代社会，一个孩子往往有多位家长照看，除了父母，还有爷爷奶奶、姥姥姥爷等。人越多，意见越不容易统一。比如，奶奶想让孩子多吃肉，但姥姥想让孩子多吃青菜。又比如，爷爷想让孩子学书法，但姥爷想让孩子学画画。更让人感觉遗憾的是，由于年轻一辈的父母和年长一辈的祖父母之间在孩子的生活、教育理念上存在分歧，加之“隔辈亲”，父母在批评、教育孩子的时候，祖父母往往会偏向孩子，进而批评孩子的父母。这就会给孩子带来疑惑，到底该听谁的？

我在这里提供一个办法，就是家庭内部成员先开一个家庭会议，成立一个家长教育委员会，选一个主任，定期召开教育孩子的思想交流会，形成统一的意见，再来教育孩子。

总之，家长们要团结一致，在孩子的教育问题上统一思想，形成教育的合力，而不能一盘散沙，各持己见，让孩子不知所措。在此基础上，家长、学校和社会也要形成教育的合力，在家主要学做人、在校主要学知识、在社会主要练本事。明代大儒王阳明就讲：“人须在事上磨炼做工夫乃有益。”

2. 夫妻双方步调一致

家庭内部的教育意见要一致，夫妻双方的教育意见尤其要一致。这方面我也曾有过教训和体会。大女儿上小学的时候，有一次作业没有完成，妻子当着我和女儿姥姥的面，很严厉地训斥女儿，情绪一激动，就动手打了女儿。这时女儿哭了。听到女儿的哭声，我就用力推了妻子一把，妻子因此摔倒了。现在反思一下，妻子打女儿确实不对，但我当着孩子的面推搡妻子更是错上加错。最好的处理方式应该是劝阻妻子打孩子，同时指出孩子的错误，教育孩子做作业的时候要认真，做完要仔细检查。这才是科学、正确的教育方法。

父母对子女的要求不一致，是家庭教育中的大忌。古人认为："人子之情，畏父亲母，又父远母近。”孩子往往畏惧父亲，而亲近母亲。如果父亲严教，而母亲偏袒子女，就会养成孩子“阳从父训，而阴奉母言”的现象，而“子之不肖，多由于此”。所以说，在教子问题上，父母的意见应当统一起来，这在今天仍然是一条必须坚持的重要原则。孩子都有一种本能的自我保护心理，常常利用父母对自己的亲疏远近的不同，寻找有利于自己的庇护。假如父母的意见不一致，就极易强化孩子的这种自我保护心理，从而使孩子有恃无恐，同时又使得父母在孩子心中的权威性大打折扣。

3．家庭、学校、社会形成教育合力

这里引申开来，我还想说一个创造教育合力的问题，那就是家庭、学校、社会形成教育的合力。只有这个大的合力是向着正能量方面前进的，孩子的成长才会有一个真正意义上的良好环境。

就家庭、学校和社会的分工来看，家庭是孩子的第一所学校，家长是孩子的第一任老师，特别是在孩子好习惯的养成、好品格的形成方面，家庭教育是处于主导地位的。学校作为教书育人的专门机构、固定场所，在立德树人的同时，应当重点培养孩子的学习习惯，教育孩子更多更好地掌握文化知识。社会是孩子经受磨炼、展示才华、成就自我的广阔舞台，是孩子人生的主战场，政府应承担起为孩子的健康成长创造良好社会环境的主要责任。

在打造教育的合力上，家长应当主动通过参加家长会等方式，多与老师、学校沟通，及时掌握、了解孩子在学校的表现，以便增强家庭教育的针对性，及时遏制孩子的不良行为习惯。学校老师除了在课程知识传授上下工夫，也应及时同家长沟通、交流，关注了解孩子在家庭中的学习等多方面的表现，以便因人施教，提高教育质量。家长和老师还要指导孩子进行社会实践活动，让孩子多接触有正能量的人和事，增强明辨是非的能力，自觉抵制、远离社会上不好的东西；从小就培养孩子做好人好事的习惯，为社会贡献力量的同时，又能从实践中汲取成长的养分和力量。

需要指出的一点是，家长也应当采取学校

分级的方式接受分阶段教育。这里的阶段可以以孩子的成长为标准进行划分，当然没必要细化到孩子的每一岁，但至少应该包含胎儿阶段、婴幼儿阶段、小学阶段、中学阶段、大学阶段、工作阶段六个大的阶段。家长只有了解孩子在每一阶段的身心特点和容易出现、遇到的问题，掌握不同阶段的教育方法，才能对孩子进行有针对性的教育。通过分阶段，家长教育不仅具有教育上的预见性，比如孩子在小学阶段后期，家长们就要为孩子即将到来的中学阶段青春期教育做好有的放矢的准备，更重要的是能够实现同学校、社会的“同频共振”，真正把合力做到最大。

家长自己的人生实践已经证明，对一个人一生影响最大、最直接和最关键的人物就是父母、老师和朋友。来自家庭、学校、社会三方面的人，如果都是良师益友，就等于给孩子的成长编织了一张安全可靠的文明网。生活在这样一种氛围下，孩子的良知良能不会遭到遮蔽，也就一定会健康成长，一定会成人，一定会成才。

结 语

对于家庭教育，我们每一位家长都应该重视起来，因为它不仅关系到孩子自身的成长，更关乎一个家庭、家族的传承与发展。放诸民族与国家更高更大的层面来看，也正是因为有亿万个家庭的和谐，才有我们这个社会的和谐、进步与发展。孩子是祖国的未来，毫不夸张地说，家长就是未来的缔造者。因此，学会更好地教育子女是每一位家长应尽的义务，也是必须要承担的责任。

在本书的最后，我还有几点思考同大家分享，可以看作是对这本书“十要十不要”的概括和总结。

这几点思考，概括来讲，就是五个“三”。

第一个“三”——三个掌控。作为家长，需要掌控的主要有三个方面：时间、金钱和情绪。家长应当成为这三方面的主人，而不是做它们的奴隶。能够自主掌控、合理运用就是主人，反之，被动接受、无序使用就是奴隶。

时间，抓起来是黄金，抓不起来就是流水。有首歌唱道：“时间都去哪儿了？”作为父母，我们更要问自己一句，“时间都去哪儿了？”是放在了玩游戏上、刷手机上，还是放在了家庭上、子女身上？有些父母，把孩子扔给爷爷奶奶、姥姥姥爷就撒手不管，时间全部消耗在无谓的应酬、交际、人情世故当中，还美其名曰“为了家庭好”。一个真正对家庭、对孩子负责的家长，必然是能真正掌控时间、合理分配时间的人。父母下班的路就应该是回家的路。

每个家长都有责任合理地安排好时间，再忙碌也要多分一点时间给孩子，使孩子多享受一点家庭的温暖。

金钱，如果合理合法的话，当然多一些更好，因为它能提升人的生活水平。但是，幸福绝不简单地等于钱的数量，更取决于使用的质量。正如著名哲学家培根所说：“金钱好比肥料，如不撒入田中，本身并无用处。”因此，关于金钱，我有两点想法：一是，钱是手段而不是目的，家长不能因为挣钱而忽视了陪伴孩子，我们在这方面绝对不能南辕北辙、本末倒置。二是，金钱的使用应当服务于家庭亲人间的感情，更多地倾向于改善家庭生活，做更多正能量的事情。家长要有挣钱的本事，更要有花钱的智慧。如果以牺牲孩子的教育时间来获得金钱，以损害父母与子女之间的感情来使用金钱，那么财富就变成了累赘，多不如少，有不如无。

情绪是最好掌控也是最难掌控的。说情绪最好掌控，是因为它是自己的，全由自己处理；说它最难掌控，是因为人最大的敌人不是别人，就是自己的坏情绪。好的情绪让我们事半功倍，坏的情绪让我们事倍功半。英国著名诗人约翰·弥尔顿说："一个人如果能够控制自己的激情、烦恼和恐惧，那他就胜过国王。"有智慧的家长往往善于控制自己的情绪，掌握自己的心境，约束自己的言行，无论受到什么刺激，都能保持沉着冷静。急躁只会让我们失去冷静的判断力，在失去判断力的时候教育孩子，只会让孩子产生逆反和厌恶的心理。

第二个"三"——三个扩充。我认为，培养孩子不需要向外探求，重点在于向内挖掘，扩充孩子与生俱来的人性、天性、个性。

所谓人性是人内在美好的德性，它并非简单地指勤劳、勇敢、善良等具体的品质，而是指人之所以为人的全副人格。美好的德性是人在社会上立足的根基。孟子讲：“有天爵者，有人爵者。仁义忠信，乐善不倦，此天爵也；公卿大夫，此人爵也。古之人修其天爵，而人爵从之。”家长教育孩子，重点就是要扩充孩子与生俱来的美好德性，让那些先天的德性充分地彰显展现出来，让孩子在与人、与社会打交道的过程中，始终秉持仁、义、礼、智、信，充满爱心，与人为善。

所谓天性，是人与生俱来的品性。这些品性是先天所赋予的，但同时又受后天环境和教育的影响，所以培根说：“天性好比种子，它既能长成香花，也可能长成毒草，所以人应当时时检查，以培养前者而拔除后者。”作为家长，要善于发现孩子的天性，加以呵护、引导、扩充，而不是违逆这种品性，去硬性安排孩子的成长轨迹。要知道，人生是场马拉松，比拼的是毅力和耐力，而不在于起跑早一点还是晚一点。懂得保护、引导、扩充孩子的天性，远比盲目求快收获更大。

个性是人与众不同的标志。人不怕有缺点，就怕没特点。自己的孩子之所以与众不同，就是因为他有个性。德国著名作家让·保尔说："没有个性，人类的伟大就不存在了。"家长都不希望自己的孩子跟别人的孩子是同一个模子刻出来的，那我们就应当允许孩子张扬自己的个性，也要学会包容他们的个性，不能因为自己个人的喜好而限制、打压孩子的个性。在这一点上，家长应当做到既不固执己见，也不随波逐流。

第三个“三”——三学。世界上的学问没有大小之分，但有先后之别。因此，儒家经典《大学》讲“知所先后，则近道矣”，《孟子》讲“先立乎其大者，则其小者弗能夺也”。那么，家长首先应当教育孩子的，就是学做人、做事、做学问。

所谓学做人，就是我们在前面讲到的，要时刻把“成人”作为教育孩子的目标，让孩子具有坦荡的胸怀、正直的人品。家长作为孩子的“第一任老师”，应当率先垂范，恪守家庭伦理、公共道德，以自己的言传身教为孩子做出榜样示范，营造良好的家庭氛围。其次，“三人行必有我师”，家长应当教育孩子树立“大学习”意识，将身边的一切都视为成就自身的资源，哪怕是遇到的困难和挫折；要学会发现朋友、同学乃至陌生人的优点，挺立自身人格，成为一个大写之人。

人的生命展现在一件件具体的事情当中，只有在每一件事上磨炼自己，才能成就自我。学做事，就是要培养孩子具备一种想做事、敢做事、会做事的能力，热爱所做的每一件事，能在每一件事情当中活出生命的意义与价值。学做事还有另一层意思，就是孔子说的“君子不器”。我们学的每一项专业都是在成就自己，而不应成为自身发展的阻力，所以千万不要因为学的某一个专业而自己把自己限制住。家长应当帮助孩子树立这种意识，“天地有多大，梦有多潇洒”，三百六十行，做什么都是一把好手。

所谓做学问，并不是一定要把孩子培养成为学者、教授，而是培养孩子以一种学问家的精神多读书、多学习。孟母“断机劝学”的故事就很能体现这点：孟母为了教育小孟子好好学习，不惜割断正在织的布，可见孟母对学习的重视。当然，需要指出的是，学习一定要建立在孩子感兴趣与快乐的前提下，注重培养孩子的学习习惯，教育、鼓励孩子学会坚持，不能半途而废。

第四个“三”——三有。作为家长，我们回想自己的人生经历，拥有什么才是幸福的基础？是金钱财富吗？和这个有关，但又不是绝对关系。我认为家长更应当让孩子有情怀、有格局、有担当。

孟子说：“穷则独善其身，达则兼善天下。”意思是说，不得志的时候，要进行自我道德修养；得志的时候，就要努力让天下人都能得到好处。事实上，这就是有情怀的一种体现。有情怀，就是要有一种仁爱的境界和能力，具体来讲，要热爱祖国、热爱党、热爱社会、热爱自然、热爱家庭、热爱父母。如果父母教育子女只爱家庭、爱父母，那就是一种狭隘、自私的爱，狭隘自私的人建立自己的小家庭后，肯定连父母也不爱。

格局是什么？就是要有气魄、有胸怀。如果孩子具备一种宽广的胸怀，能容得下事，就能成就一番事业。相反，整天蝇营狗苟、斤斤计较，不要说成就一番事业，在社会上立足都是很困难的。父母在生活中要用自己的言行去影响孩子，不要当着孩子的面抱怨，不要东家长、西家短地磨嘴皮子，要用自己的格局带动孩子的格局。

所谓担当，就是敢于独立承担某项任务和职责。比如说，家里遇到困难，孩子能说："爸爸妈妈别怕，还有我呢！""妈妈，您生病了，您躺着，我做饭。"这就是担当。家长培养孩子的担当精神，可以有所选择或不同程度地让孩子知道、了解家里的一些困难，让孩子和父母一起面对困难、共渡难关，明白生活的不易而自然生发担当的精神。

第五个“三”——三“jìng”。所谓三“jìng”，就是干净、平静、佳境。

干净，在这里不仅仅指生活卫生，更主要的是指心理健康。孩子的眼睛最是明亮，心里也最是干净，所以我们常说，要保持一颗童心。我们做家长的要让孩子简单一点、轻松一点，轻装上阵，孩子才能成长得更快。把自己当时不想做的事情再强加到孩子身上，让孩子重复走自己的路，孩子心里绝对干净不了。数学题不会做可以慢慢学，拼音记不住可以慢慢背，但是心如果蒙了灰就很难再擦亮。孰重孰轻，值得我们每个家长思考。

关于平静，也是主要指向内心。宋代大文学家苏轼评价汉代丞相张良时说："古之所谓豪杰之士，必有过人之节。人情有所不能忍者，匹夫见辱，拔剑而起，挺身而斗，此不足为勇也。天下有大勇者，卒然临之而不惊，无故加之而不怒。此其所挟持者甚大，而其志甚远也。"那些为一点小事就暴跳如雷的人，不足以称之为勇敢。什么人才算是勇敢的人？面对危险始终保持平静、沉着的心态，并不断思考解决办法的人。对于孩子的教育，家长要始终保持一颗平静的心，不能因为一点小事就大发雷霆，把气撒到孩子身上，更不能因为孩子的一点小错误而大动肝火。教育孩子的过程，也是自我修身的过程。

佳境，包括两个方面，一方面是对父母来讲。我们都是成年人，都经历了生活的酸甜苦辣。

可能我们当中的很多人对以前的生命历程和今后的生活都有一个思考，那就是生命的意义到底是什么？我们的家庭、我们的生活的一种理想状态是什么？我觉得生命是一个过程，我们既不能决定什么时候来到这个世界上，也很难决定我们什么时候离开。因而不论我们做什么、做多少，我们都要感到生命是有意义的，感到幸福、快乐。

另一个方面就是对孩子来讲。说一个人成功，往往包括两个方面：一是事业的成功，二是教育孩子的成功。孩子能有健康的身心，能有他喜欢的工作，能有一个好的名声，能有一个幸福的小家庭，能与父母保持一种和谐愉悦的关系。人生倘若如此，我觉得我们的生活、我们的生命就进入了一种理想的境界，也就是我说的“佳境”。

以上都是我做家长的一些体会、感悟，其中也有一些我做家长留下的遗憾。在家长学校担任校长的经历使我有机会将这些个人想法做出系统的整理，也就有了这本书的面世。

希望阅读此书的朋友们能够成为幸福的父母。当然，幸福不幸福，只有自己知道。人都看着别人家庭的好,看不到别人家庭的痛苦。在外面，我们可能会受到表扬，儿子女儿有多好、自己有多幸福，但作为家长的幸福，是与儿女双方之间的感觉。家长感觉幸福，孩子也感觉幸福，那才是真幸福。

后 记

早在做中学教师的时候，我就在思考：作为孩子第一任“老师”的家长为什么不接受教育和培训就可以上岗呢？难道仅仅是因为孩子出生了，父母就可以自然升格为家长吗？到孟子研究院工作后，受孟母教子思想启发，我开始系统地思考家长教育的问题，建议开办了孟子研究院家长学校，对家长进行公益培训。在与家长的教学互动中，我更加深刻感受到家长在教育子女中的焦虑与无奈，以及他们对学习教子方法的渴求。为了让更多家长了解家长教育，掌握一些必要的教育常识，也就萌生了写这本小册子的想法。

在我看来，相比学校和社会教育，父母的一言一行更能影响孩子人格的培养，决定孩子的成长方向，因此，父母是、也应当是孩子的榜样。虽然书中表达了“十要十不要”的教育理念，但我最想表达的一个重要的观点是：为人父母就要有一种家长意识，以身示范，做好榜样，这才是最好的教育。出于实用性的考虑，我在书中尽可能用通俗性的话语去讲述家长心中认可的道理，虽然这样缺少了一些学术的味道，但确实想达到能够为广大家长教育子女提供一些有益借鉴的目的。

本书在写作过程中，得到了许多专家学者和朋友们的指导帮助，让我感念在心。

王志民先生是山东省政协原副主席、山东师范大学原副校长，也是孟子研究院的特聘院长，更是齐鲁文化、儒家文化研究的大家。他对我们的家长教育工作给予了大力的指导和支持，又欣然赐序，予以褒奖和鼓励，令我十分感动。中国社会科学院哲学所研究员、博士生导师李存山先生，百忙之中对我整理的书稿进行了精心修改、指正；中山大学哲学系教授、泰山学者杨海文先生像老师一样亲自听课评课，审改讲稿；定稿之后，两位先生又题写推荐语，让我感激莫名。同时，在孟子研究院工作三年多来，面对面聆听陈来先生等众多知名专家学者的讲座和课程，在儒学思想方面接受熏陶，在此，一并致以由衷的谢忱！

感谢众多家长的鼓励和帮助。谢谢你们踊跃参加家长学校的讲座，配合开展家庭教育调查，并为本书的写作提供中肯的建议。感谢爱人的陪伴和对家庭的默默付出。在孩子的教育上，我留下了许多遗憾，有些做法甚至对女儿造成了伤害，因此，尤其要感谢女儿的包容和理解。正是由于众多家长和家人的支持，我才坚定地走在家长教育工作的大道上,并视之为永远热爱、追求的事业。

本书的出版还要感谢孟子研究院的诸多同仁，房亚南、刘晓、张鑫等人为本书的出版做了很多工作；感谢责任编辑向群博士以及齐鲁书社为本书出版所付出的心血智慧，使其最终呈现在读者面前。

家长教育是新时代的重要课题，需要全社会的广泛关注和参与，所以恳请广大读者能够对本书提出批评指正意见，共同推动家长教育的提升与发展。

图书在版编目（CIP）数据

学孟母教子　做幸福家长 / 赵永和著 . -- 济南：齐鲁书社，2019.10
ISBN 978-7-5333-4215-9

Ⅰ. ①学… Ⅱ. ①赵… Ⅲ. ①家庭教育－中国 Ⅳ. ①G78

中国版本图书馆 CIP 数据核字（2019）第 210089 号

学孟母教子　做幸福家长

XUE MENGMU JIAOZI ZUO XINGFU JIAZHANG

赵永和　著

主管单位	山东出版传媒股份有限公司
出版发行	齐鲁书社
社　　址	济南市英雄山路 189 号
邮　　编	250002
网　　址	www.qlss.com.cn
电子邮箱	qilupress@126.com
营销中心	（0531）82098521　82098519
印　　刷	山东新华印刷厂潍坊厂
开　　本	787mm × 1092mm　1/32
印　　张	6
字　　数	70 千
版　　次	2019 年 10 月第 1 版
印　　次	2019 年 10 月第 1 次印刷
印　　数	1–7000
标准书号	ISBN 978-7-5333-4215-9
定　　价	26.00 元